Amor de A a Z

ROSE MARIE MURARO

Amor de A a Z

SEXTANTE

Rua Maestro Francisco Braga, 181 / 102 – Rio de Janeiro
Revisão
Sérgio Bellinello Soares

Projeto gráfico e capa
Marcia Raed

Fotolitos
R. R. Donnelley América Latina

Impressão e acabamento
Yangraf e Editora Ltda.

CIP BRASIL. CATALOGAÇÃO-NA-FONTE
SINDICATO NACIONAL DOS EDITORES DE LIVROS, RJ

A54

Amor de A a Z
/ [Organização] Rose Marie Muraro. – Rio de Janeiro : Sextante, 2003

ISBN 85-7542-084-4

1. Amor – Citações, máximas, etc. I. Muraro, Rose Marie, 1932-.

03-1711. CDD 808.882
CDU 82-84

Editora Sextante (GMT Editores Ltda.)
Rua Voluntários da Pátria, 45 – Gr. 1.404 – Botafogo
22270-000 – Rio de Janeiro – RJ
Tel.: (21) 2286-9944 – Fax: (21) 2286-9244
Central de Atendimento: 0800-22-6306
E-mail: atendimento@esextante.com.br
www.esextante.com.br

A Gylmar Chaves e Adriana Calaça,

que estão aprendendo

a conquistar o impossível.

O amor é um elefante

Três cegos na Índia antiga queriam saber o que era um elefante. O guru os levou para tocar o animal e eles saíram apalpando. Um deles segurou o rabo e disse: "O elefante é uma corda." Outro abraçou uma das pernas: "Que nada, é uma grossa coluna." O terceiro não concordou: "É um cano mole", gritou agarrado à tromba. Mas nenhum conseguiu captar um elefante na sua realidade.

O amor também é um elefante, e nós, os cegos. O amor será sempre mistério indecifrável. Por isso dividimos este livro em três partes: a primeira chama-se *Amar é uma festa*, por ser ele um êxtase, mesmo no maior dos sofrimentos. Assim, procuramos chegar perto dele por aproximações, apalpadelas.

Na segunda, *Amor de A a Z*, tentamos apalpar os nossos estados de alma, que também são indefiníveis para nós mesmos.

E na terceira, *Simplesmente você*, damos sugestões para você se reaproximar da pessoa amada, que também é sempre surpreendente, caso tenha tido algum problema com ela. Experimente mandar um ramo de flores e um cartãozinho com uma das nossas sugestões (são só sugestões, você pode mudar à vontade), e verá o resultado...

Amar é uma festa

Amor total é liberdade total.

No amor vence quem não compete.

Não posso te amar até que me reveles quais são as tuas esperanças.

Amar é mudar o outro e mudar o mundo.

A razão fala, o sentimento grita.

Só os homens de sensibilidade sabem o que é ter sede de amor.

Gylmar Chaves

O homem verdadeiramente viril é aquele que tem coragem de sentir: a mulher verdadeiramente feminina é a que tem a coragem de pensar.

Eu te amo pelo que nunca foste. Eu te admiro pelo que nunca fizeste, mas que está vivo em ti.

Quando a imensa maioria dos homens e mulheres diz que está amando, expressa apenas o desejo apaixonado de possuir, não de se dar.

Quem não sabe amar a si mesmo não sabe também amar os outros. E amar-se é, em primeiro lugar, gratificar-se para saber tolerar o outro, como ele é.

A inteligência fascina, a beleza atrai, só o amor retém.

Se não podemos criar a eletricidade, podemos, ao menos, colocar a nossa tomada por onde ela passa. Assim o amor.

A infância é o gênio recuperado.

Baudelaire

Quanto mais o ser humano pensa, mais apto se torna para pensar: quanto mais ama, mais aptidão tem para amar.

Cada ato de amor autêntico que realizamos modela simultaneamente a nós mesmos e o mundo.

Uma vez que o amor desabrochou até um certo nível, não pode, como a flor, voltar a ser botão.

Aquele que é capaz de ver as relações íntimas entre as coisas, aquele que sabe discernir entre o amor e o desejo, e vê os laços invisíveis que podem unir e desunir os homens, é como se tivesse olhos que pudessem ver o ultravioleta. Seu mundo é infinitamente mais rico que o nosso.

Espelho ou lâmpada? Passivos e refletindo tudo o que acontece à nossa volta, tudo recebendo sem nada dar, ou irradiando luz e calor, cheios de criatividade, dando sem contar.

Se não quisermos parar, é preciso dar corda em nós mesmos, como os relógios. Constantemente rever-nos e atualizar-nos para estarmos sempre andando.

Sair da própria órbita: não ser satélite de si mesmo.

Não se entesoura o amor. Ele é algo vivo, que, uma vez aprisionado, se esclerosa, seca, murcha e morre muito depressa. Só vive, como a água, enquanto circula.

O tempo não é caminhada para a frente, em linha reta, como uma fuga perpétua em que perdemos o que deixamos atrás de nós, para sempre. Nem tampouco um círculo como o concebiam os antigos, que exclui qualquer progresso. É antes uma espiral, curva que traçamos em redor de nós mesmos, mas que permite envolver em seu movimento uma região do mundo cada vez mais ampla.

Reter sem dar. Deixar de ser poço. Procurar ser fonte. Dar amor sem reter.

O amor é uma fusão não só das zonas de luz como também das obscuridades daqueles que se amam.

Os caminhos que nos libertam do sentimentalismo são os mesmos que nos fazem ter acesso às regiões da afetividade profunda.

O amor tem olhos de raios X: vê as coisas por dentro.

Nossa unidade é a unidade da criação, para além das fronteiras do corpo, e com o corpo como instrumento.

D. H. Lawrence

Na ausência de respostas, amar intensamente.

Rilke

O amor é como um lago salgado. A água acaba se evaporando e só o que resta é que brilha.

Amor, palavra que funda e consome os seres; fogo, fogo do inferno melhor que o céu.

O amor é para o ser humano como a gasolina para o automóvel.

O sentimento é como um bumerangue: quem dá amor, recebe de volta. Quem agride, também recebe de volta.

O grande amor é como um lago, que absorve todas as pedras que lhe são atiradas, sem nenhuma cicatriz.

Por que pular o muro se há uma porta? Por que arrombar a porta se ela tem uma chave? Por que sermos agressivos se podemos amar?

Todas as rosas são a mesma rosa; amor, a única rosa. E tudo está contido nela, breve imagem do mundo. Amor, a única rosa.

O amor é o chumbo opaco e maleável que pode converter-se no ouro resplandecente.

Alquimista árabe desconhecido

Como o farol que atravessa a neblina espessa, um olhar cheio de amor pode impedir alguém de naufragar de encontro aos rochedos da solidão.

Duas pessoas imaturas não se entendem realmente. Uma pessoa madura e outra imatura também não se entendem. Onde é possível encontrar o amor?

Quando deixei os Beatles, pensei: "Ótimo, não preciso mais ouvir Paul, Ringo e George." Mas é chato cantar sozinho...

John Lennon

Não há uma polegada do meu caminho que não passe pelo caminho do outro.

Simone de Beauvoir

Só é solitário quem não é solidário.

A coisa mais rara de se encontrar nesse mundo é uma pessoa com quem se possa conviver.

A verdadeira proximidade é ficar em silêncio na hora certa.

Os apelos silenciosos são aqueles que não podem ser recusados.

Quem não sabe se dar é incapaz também de receber. Por isso, é a única pessoa verdadeiramente só – nem imagina o que é amar.

As pessoas só podem achar amores à sua semelhança. Os generosos, amores generosos; os egoístas, amores egoístas. No primeiro caso há amizade. No segundo, ela é impossível. Por isso, o amor não é para todos.

Uma primeira conversa é um reconhecimento de terreno. Há que estudar o mapa de uma alma para poder circular por ela.

André Maurrois

O amor multiplica as coisas boas e divide as más.

Gracián

O verdadeiro amor é feito de diferenças aceitas e superadas e não de afinidades instintivas.

Amam-se aqueles que, mesmo distante um do outro, não se separam nunca.

Se amo, adivinho!

Amor de A a Z

A

Ação

A ação é como um mergulho no mar: ou a pessoa mergulha inteira ou morre afogada.

Alegria

Não fazer mal a si próprio nem a ninguém. Encher de alegria a todos e a si também – eis o bem.

Bertolt Brecht

A alegria é o termômetro do amor.

Amei porque dei alegria.

Amizade

Muitas vezes a amizade é mais importante que o amor.

Amor não correspondido

Não te julgues incompleto porque não correspondem ao teu amor; amor traz em si a própria plenitude.

Amor jovem

Quem não planta em sua juventude a árvore do amor não terá sua sombra na velhice.

Amor de si

Enquanto não soubermos amar a nós mesmos, não poderemos amar aos outros como a nós mesmos.

Angústia

A angústia é como um sino: uma vez que se dê o primeiro toque, continua tocando sozinho.

Apatia

O contrário do amor não é o ódio, mas a apatia. Aquele que não sabe mais amar nem odiar é um robô.

Apego

Só nos apegamos quando temos medo.

B

Beleza

A beleza reside mais no que temos dentro do que nas formas bem proporcionadas.

Rollo May

A beleza do rosto não está na regularidade dos teus traços, mas na centelha que te habita.

Meu corpo é mais do que meu corpo, eu sou mais do que minhas palavras, meu silêncio é maior do que meus gestos, o meu amor é infinitamente maior do que o desejo que o despertou.

Briga

As brigas entre os namorados são a salvaguarda do amor.

Terêncio

Busca

Encontrar um parceiro para a mesma busca já é achar metade da resposta.

G. B. Shaw

C

Canto

Me puxa do sono eterno para os teus braços que cantam.

Murilo Mendes

Casamento

O casamento não é o prazer, mas o sacrifício do prazer, é o estado de duas almas que, de ora em diante e para um fim além de si mesmas, terão que se contentar uma com a outra.

Certeza

No amor, como na vida, a insegurança é a única certeza.

Combustível

O amor é como a música: duas cordas vibrando embora se ouça uma única nota.

Qualquer maneira de amor vale a pena.

Milton Nascimento e Caetano Veloso

Comunicação

É comunicando-se que os seres humanos se unem uns aos outros e quebram a solidão.

Conflito

Só se conhece a serenidade depois de vencer muito conflito.

O oceano tem redemoinhos invisíveis e profundos. Não reconheceremos os desejos mais profundos dos outros enquanto não penetrarmos fundo em nós mesmos.

Sem conflito é impossível existir movimento e, portanto, vida ou amor.

O conflito é necessário ao amor como a sombra à luz. Quando o amor é sem ternura, perde a sensibilidade; quando lhe é reprimido o conflito, perde a força.

Conhecer

Amar é a melhor maneira de conhecer.

Nunca esgotamos o outro, porque ele vai se transformando à medida que o vamos conhecendo.

Amar é ser flexível.

Consciência

A consciência é como a luz que ninguém nota. No entanto ela ilumina tudo.

Mas muitas vezes a consciência é tão incômoda, como uma lâmpada acesa num quarto de dormir.

Coração

Só o coração torna real o sonho.

Coragem

Não há amor sem coragem e não há liberdade sem amor.

Corpo

Feliz é aquele que vive consciente do seu corpo.

Buda

Há mais razão no teu corpo do que na tua melhor sabedoria. E quem é que sabe para que necessita o teu corpo da tua melhor sabedoria?

Nietzsche

Crescimento com amor

Tudo o que cresce, cresce em silêncio. Também o amor.

Contradição

Amar é acolher a insatisfação do outro.

Criar

O amor existe para reproduzir o gesto criador que lança o mundo na existência. Qualquer gesto de amor tira vida do nada.

D

Dança

O corpo que não dança é como a alma que não reza.

Dar e receber

Quando não se pretende mais dar e não se espera mais receber é que, enfim, podemos saber o que é o amor.

Defeitos

Quanto mais alva a toalha, mais fácil notar-se qualquer cisco... Quanto mais íntegra a pessoa, mais se notam seus defeitos.

Os defeitos são como uma colina: escalamos os nossos e, de cima deles, só vemos os dos outros.

Diferença

Se sou diferente de ti, em vez de, com isto, prejudicar-te, eu te aumento.

Saint-Exupéry

Dificuldade

É pela dificuldade que caminhamos. Não conseguimos dar um passo na lama, que não nos oferece resistência, mas só na terra dura.

Amar é bom porque é o maior desafio para nós dois.

Dependência

O amor é, em geral, confundido com dependência, mas só pode amar quem for independente.

Quem não consegue conviver consigo mesmo na solidão é sempre dependente do outro e, portanto, seu explorador.

Desafio

O amor precisa do desafio, não para a sua satisfação, mas para o seu crescimento.

Descoberta

O que há de mais apaixonante no amor são as descobertas que ele nos permite fazer sobre nós mesmos.

Desejos

Os pássaros sentem-se bem no ar, os peixes sentem-se bem na água. Só o homem não se sente bem na terra. Desejar é desejar o impossível.

Dom

Recebemos amor não na medida de nossas exigências, necessidades ou sacrifícios, mas na medida da nossa capacidade de dar amor.

Dor

Aquele que assimila o sofrimento é como o carvão que se cristaliza em diamante duríssimo. Nada o rompe, e é ele que a tudo corta.

É preciso captar a dor como se capta a força das cataratas, para fazer dela fonte de energia para muitos.

Quando se arranca a flor com suas raízes, ficam os buracos no chão. E são eles que custam a parar de doer.

É mais fácil para o fogo achar combustível do que ao combustível achar fogo.

Unamuno

Como um fecho ecler, as emoções e a inteligência são as duas partes complementares que, guiadas pela consciência, nos dão unidade e resistência aos conflitos da existência.

Há momentos de dor em nossa vida que se parecem com as nuvens: quando estamos dentro deles, são cinzas e tristes, e não nos deixam ver a realidade. Quando tomamos distância, é que os vemos em sua verdade: resplandecentes e dourados pelo sol.

E

Egoísmo

O egoísmo não é sinal de força, e sim de fraqueza. O egoísta diz: "não servirei", como o copo quebrado ou a fruta estragada.

O preço do egoísmo é a eterna vigilância.

Norman Brown

Energia

Só a energia é a vida, e ela provém do corpo... a energia é o prazer eterno.

William Blake

Encontro

Muitos sofrem de medo da solidão e assim, absolutamente, nunca se encontram, mesmo que se procurem desesperadamente.

Entrega

A entrega é a mais alta forma de libertação.

O orgulho é o amor idealizado e, portanto, desumano.

Escolha

Não escolhemos aqueles a quem amamos. Eles brotam. Eles se impõem a nós.

Escravidão

Só há amor com responsabilidade. Amor sem responsabilidade escraviza o ser humano e, portanto, o destrói.

Responsabilidade no amor e na liberdade é não fugir das coisas boas nem das más. Fugir de algum dos seus aspectos significa não assumir nem o amor nem a liberdade.

Esperança

O processo natural do espírito humano não é ir de prazer em prazer, mas de esperança em esperança.

Samuel Johnson

A esperança é a pequena lanterna que ilumina o futuro. Sem ela é impossível perceber o sentido do caminho.

A esperança voa rapidinha como uma andorinha, levando no bico o fio do futuro. Nosso amor vai para onde vai nossa esperança.

Exigência

Quem muito ama pouco exige.

Êxtase

A verdadeira pobreza, o verdadeiro despojamento interior, não consiste em escolher sempre para si o pior, o mais sacrificado. Isto é muito fácil. O difícil é viver sem tensões o que é bom, o prazer e até o êxtase. É aceitar que eles passem sem cobrar nada da vida. O mais difícil da vida é a abertura para o êxtase e para o sofrimento. Ao mesmo tempo.

A alegria e o êxtase não existem para nos afastar da realidade, mas para nos ensinar a enfrentá-la.

Muitas vezes, para alcançarmos o êxtase, temos que desistir de ser felizes.

A felicidade é para os medíocres. O êxtase é para os que têm muita grandeza.

F

Fidelidade

Não se deve amarrar o navio a uma só âncora, nem a vida a uma única esperança.

Epitecto

A fidelidade não é repetição monótona, mas a inesperada aventura do eterno recomeçar, como a onda que perpetuamente se recria.

Felicidade

Cada ação tem uma reação igual e contrária. Por isso, toda felicidade se paga com sofrimentos. Quem não paga à vista paga com juros.

A felicidade é como uma bola de mercúrio: se a tocamos, se desmancha em mil outras. Escorrega sempre.

A felicidade é como a gasolina: é uma coisa que se obtém como subproduto da fabricação de outra coisa.

Feminino/Masculino

O feminino vence por sua quietude ao masculino. Por sua quietude se mantém abaixo. Assim ambos conseguem o lugar que desejam, mas o grande deve manter-se embaixo. O espírito da profundidade não morre. Este é o eterno feminino. A porta de saída do eterno feminino é a raiz do céu e da Terra, que infinitamente empurra e contudo parece estável, conservando-se quieta em sua ação.

Lao Tseu

O princípio e o fim pertencem à mulher ou àqueles que têm em si o feminino.

Não é com tinta que se faz um verso, não é com torno e com cinzel que se constrói um homem, mas com uma mulher.

Como a música e o órgão, o carvão e o fogo, nós nos servimos de uma só alma para sermos dois.

Filhos

O amante anseia não só encontrar a beleza divina, mas perpetuá-la, plantando no corpo mortal a semente da imortalidade. É por isso que se amam os sexos, para se reproduzirem e prolongarem o tempo até a eternidade.

Sócrates

Fogo

Quero queimar como fogo. Que quanto mais se divide, mais se multiplica.

Como o fogo se acende no fogo, um ser humano só pode se acender em outro ser humano.

Não procuremos escapar das chamas; ou seremos queimados pelo fogo das paixões ou pelo fogo do amor. Jamais poderemos eliminar o fogo de nossas vidas.

G. K. Chestertan

Fome de amor

O amor foge daqueles que o procuram com sofreguidão. Oferece-se aos que não o retêm, como a borboleta que pousa no ombro de quem não está caçando.

G

Grandeza

A grandeza do ser humano é que ele é capaz de procurar o mar mesmo num pântano.

Gozo

Só quando nossos sentidos se emanciparem do senso de posse, a humanidade dos sentidos e o gozo humano dos sentidos se realizarão pela primeira vez.

Gozo é o contrário da avidez.

Só conhece o amor quem ama sem esperança.

Schiller

Pintam o amor cego e com asas: cego para não ver os obstáculos e com asas para voar por cima deles.

Maior que o amor é a vida. Uma relação se torna indestrutível quando além do amor há uma identidade de vida.

Não ama quem não precisa do outro. Não ama quem precisa. O amor é maior que a necessidade. É a liberdade totalmente vivida.

H

Homem

A mulher que só gosta de homem forte é antiga, e isso traz muito problema para o homem novo, que é mais sensível.

I

Incêndio

O amor é contagioso como o incêndio.

Impossível

Amar é alimentar-se de impossíveis.

Amo aquele que aspira o impossível.

Ilusão

Viver sem ilusão é o significado da felicidade.

M. Bergenot

Quem pensa o mais profundo ama o mais vivo.

Holderlin

Inferno

Meu amor é como um inferno, um fogo que nunca se consome.

Infidelidade

A pior das infidelidades é crer que a verdade possa ser nociva.

Spencer

Insegurança

Quem nunca se sentiu inseguro nunca sentiu amor.

Insubstituível

Todos nós somos insubstituíveis, únicos, pela simples razão de que nenhum de nós é igual ao outro.

Intimidade

Por mais íntimo que seja o encontro, há sempre uma ausência, uma distância.

J

Juventude

É a febre da juventude que conserva o mundo na temperatura normal. Quando a juventude esfria, o resto do mundo bate os dentes.

Georges Bernanos

Todo ser vivo envelhece. Só é eternamente jovem aquilo que nunca aconteceu.

Os disparates da juventude são preferíveis aos triunfos da maturidade ou à realização da velhice.

O espírito da juventude é a coragem de morrer e tornar a ser, a noção de morte e ressurreição.

Thomas Mann

L

Lágrima

A flor da vida murcharia se não fosse regada com algumas lágrimas.

Liberdade

Livre é quem procura ser, e não, ser feliz.

A liberdade que reconheces em mim é igual à tua. A liberdade de fazeres o que queres.

A liberdade não é uma troca.

Liberdade de amar é liberdade de crer.

Como o girassol que está sempre voltado para a luz e assimila em seu próprio ser a cor do sol, o tropismo do homem para a liberdade faz com que ele assimile em seu ser, mesmo inconscientemente, a liberdade.

Liberdade sexual

A liberdade sexual não é a liberdade de praticar o ato sexual, mas a liberdade de amar.

Limite

Para quem aceita suas próprias limitações, as limitações dos outros deixam de ser um obstáculo.

Lucidez

Só é lúcido aquele que não tem nada a perder.

M

Mal

A mordida do mal é tão intensa quanto a mordida do amor.

Medo

O que estraga a felicidade é o medo.

Mente

A melhor maneira de chegar ao meu corpo é pela minha mente, e vice-versa.

Muito importante

Creio numa alma imortal. A ciência provou que nada acaba em nada. Assim, a vida e a alma não podem reduzir-se a nada e, portanto, são imortais.

N

Novo

Só há transformação quando não se tem medo do novo.

Novo e velho

Viver é eternamente extrair o novo de dentro do velho.

Nudez

O que amo não é o seu corpo capaz de se dissolver, é aquilo que é a causa dela mesma, aquilo que produz a vida e não a morte; eu desejo a sua imortalidade, e não o que ela tem de inerte, de neutro e depreciável. É o ser nu, a pura vida, e esse amor é mais forte que a morte, mais duro que o inferno, como uma chama crua, como um riso em minha face. Nunca o seu corpo querido conseguirá me entender.

O

Ódio

Aquele que odeia com intensidade está mais vivo do que aquele que nem ama nem odeia.

Olhos

Para perceber o relevo das coisas é preciso ter dois olhos. Para percebermos as verdadeiras dimensões do mundo é preciso sermos, ao menos, dois.

Possa eu olhar todas coisas com olhos de amor.

Oração

Ensina-me, Senhor, a viver os momentos de êxtase sem exigir a sua continuação.

P

Paixão

O ser humano só é verdadeiramente grande quando age movido por grandes paixões.

Hegel

Paz

Todas as cores do arco-íris superpostas formam o branco: só a integração de todos com suas diferenças é que pode criar harmonia.

Perda

Ninguém pode amar até o fim sem eliminar o risco de perder a si mesmo ou ao outro.

Ser maduro é aceitar naturalmente as perdas.

É melhor ter amado e ter perdido do que não ter perdido nunca um amor.

Samuel Butler

Perdão

Pouco se ama àquele a quem pouco se perdoa.

Pérola

Minha alma é uma ostra com uma pérola. Meu único tesouro, minha doença incurável. Amor, minha pérola.

Piedade

Ter pena é um ato de onipotência. Não poupar o outro significa ter confiança nele, crer que ele é capaz de agüentar o impacto necessário.

Prazer

Os prazeres são como alimentos: são os mais simples os que nunca cansam.

Ortega y Gasset

Só a energia é a vida, e ela provém do corpo... a energia é o prazer eterno.

William Blake

Sim, na verdade, o prazer é uma canção da liberdade.

Gibbons

O prazer é sinal de que estamos certos, por isso é perigoso. Ameaça muita gente.

Presente, passado e futuro

O futuro nos inquieta, o passado nos retém. Eis aí por que o presente nos escapa.

Pressa

Andar para a frente com passos precipitados é uma fuga.

O amor também é questão de tempo. Não ama quem está sempre apressado, quem não sabe sentar-se para amar calmamente.

Problemas

Se não houvesse problemas entre as pessoas, ninguém cresceria.

Q

Queda

O homem cai pela mulher, mas também se levanta pela mulher.

São Bernardo, século XII

R

Recomeçar

Como a fonte, saibamos fazer de nossa vida um eterno recomeçar.

Recusa

Quem recusa a felicidade aos outros deixa de reproduzi-la e ela acaba morrendo por falta de alimento.

Rejeição

Só quem é capaz de enfrentar a rejeição do outro pode conquistar o seu amor.

Risco

A vida é o contrário da segurança: não arriscar nunca é morrer.

Amor é risco. Não se pode saber aonde leva.

Romper

Toda libertação é uma ruptura. Quem não for capaz de romper não pode crescer, como a larva que rompe o casulo e vira borboleta.

Rosa

Uns conhecem a rosa através da biologia, e outros, da borboleta.

Que maravilha! Apesar da minha tristeza, a rosa continua linda!

S

Sedução

A mulher seduz o homem porque se sente distante dele. Como a encantadora das serpentes, ela tem que usar truques para dominá-lo, porque não se comunica com ele.

Segurança

Liberdade e segurança são incompatíveis. É preciso optar.

Quem não sabe dizer "não" também não sabe dizer "sim".

Segredo

Se o teu coração não suporta o teu segredo, como queres que o coração dos outros o suporte?

Sentido da vida

A verdadeira finalidade da vida não é a felicidade, mas o desenvolvimento de todos os dons individuais de cada um.

Todas as pessoas procuram o sentido da vida, menos as que estão muito felizes ou fazendo alguma coisa de que gostam muito.

Amar é... proteger o que nasce e destruir o que destrói. Este é o sentido do amor.

O verdadeiro objetivo da vida é afirmar a união com o mundo do prazer.

Norman Brown

De onde viemos? Do amor. Para onde vamos? Para o amor.

Ser

A ternura é o tempero da sabedoria. Ser é ser com prazer. Um jeito é amor.

Adélia Prado

Ser jovem

Há uma única maneira de ser jovem: é ser eterno.

Sofrimento

Quase todas as jóias de Deus são cristais de lágrimas.

L. Conman

Mas, se esperar para compreender as coisas, nunca o ato de entrega se fará.

Os amores onde não se coloca um pouco de espiritualidade não são longos.

Solidão

Se soubermos estar bem conosco mesmos na solidão, poderemos nos comunicar bem com os outros quando amamos.

Quem tem medo da solidão tem medo de si mesmo.

Agora que estou só, todo o medo desapareceu. No essencial, todos nós somos sós.

O verdadeiro encontro supõe a solidão como a flor supõe a água que a faz viver.

Não sou só porque os outros não se aproximam de mim, mas sim porque não sei me aproximar dos outros.

Sem solidão não existe possibilidade de encontro.

Espantar-se por estar vivo: o melhor remédio contra a solidão.

Toda a história do homem é um esforço para destruir a própria solidão.

Norman Brown

Sombra

O falso amor é como a sombra que nos segue enquanto dura o sol.

E. Detouche

Sonho

Tenho a vida mais bela. Sonho mais do que posso obter.

T

Tempo

O tempo está para o amor assim como o ar para o fogo: apaga os fracos e incendeia os fortes.

Tudo gasta o tempo, só o amor o emprega.

Tentação

Nunca sabemos exatamente o que podemos, mas na hora da tentação é que podemos ver o que somos.

Ternura

A ternura é o molho que torna a vida um alimento tragável.

Tolerância

A tolerância é um aspecto da vida comum, e a condição sem a qual não podemos dialogar.

Traição

Traição é punhal pelas costas, é dizer que se ama quando apenas se gosta.

Leila Micolis

U

Um

O amor é a única matemática em que um mais um é um.

V

Verdade

O rio da verdade caminha sempre por um leito de mentiras.

Tagore

O oceano é o oceano e não umas gotas d'água que se põe numa garrafa. Assim, a verdade não pode ser limitada pelas palavras, mas deve ser experimentada. E é natural que o conhecimento da verdade venha mais cedo ou mais tarde.

Movimento Sufi

Vice-versa

As mulheres têm mais tendência a largar tudo por um homem do que vice-versa.

Martha Suplicy

Vida

A vida joga com o homem para ensiná-lo a arriscar-se, isto é, a jogar, isto é, a viver.

A vida é um jogo de xadrez cujas regras vão mudando a cada jogada.

Como o fósforo que se usa uma só vez, assim é a vida. Não deixemos perder a chama de cada momento.

Violência

Muitas vezes destruímos o outro por uma violência mascarada de amor.

Vitória

Não há vitória sem conflito.

X

Xeque-mate

O jogo do amor é muito mais difícil que o do xadrez, pois nele, por mais que se queira, ninguém consegue dar xeque-mate.

Z

Zuzu*

Zuzu, quando você foi morta procurando seu filho torturado pela ditadura, estava realizando o supremo ato da vida, que é dar a vida por amor.

---

* Zuzu Angel, estilista brasileira. Morreu num acidente de carro em 1976 em circunstâncias até hoje não esclarecidas. Ela nunca desistiu de procurar seu filho desaparecido, torturado e assassinado pelo regime militar.

Simplesmente você

Sonho com você, logo existo!

Tento fugir de você, mas não consigo, como não consigo fugir da minha pele.

A sua energia é maior que a do sol da madrugada.

Você me deixa face a face
com a minha insegurança.

Um sol explodiu dentro
da minha cabeça: você.

Vem cá, meu bem, eu tenho
uma palavra para você
não ficar triste.

Te peço desculpas porque sem querer eu te feri com espinhos que não sabia que tinha.

Meu amor é como o horizonte, a gente anda, anda, anda e nunca chega ao fim.

Fico indecisa diante do seu jeito de passarinho.

Você é tão erótica como uma lua nua.

Quando eu souber com que flores te conquistarei, metade de mim será jardim.

Gylmar Chaves

Eu sou uma letra incrustada no teu nome.

Quando amo, sinto minha alma dançar.

R. Samuel

Só é eterno o tempo em que amo você.

Se eu compreendesse você, já não seria o mesmo.

Quanto mais te amo, mais te deixo livre.

O meu amor abre os braços e fecha os olhos.

Eu te deixo aroma até nos meus espinhos.

Cecília Mendes

Amo aquele cujo corpo e cujo coração são livres.

Sou como a nuvem que só se realiza dando-se inteira.

Quem anda junto é mais difícil se perder.

Provérbio marroquino

O grande amor se contenta
com pouca coisa.

Balzac

E não tenho mais vôo para
tudo que amo.

Carlos Nejar

Como a luz para o dia, como o fruto para a flor, o canto para os lábios, a água para a fonte. É o teu ser para o meu ser.

Que a minha palavra seja tão madura como o silên-cio das coisas.

Desaparecer dentro da luz
e se transformar em canto.

O melhor presente da vida
é viver, o segundo é amar...

Lívia, 6 anos

A força com a qual eu te amo é a mesma pela qual tu existes.

Claudel

Quero me aproximar de você como uma canção.

Meu amor é muito mais rico que minhas palavras.

Shakespeare

Eu só queria amor, amor e mais nada...

Caetano Veloso

Foi a partir de ti que eu disse sim ao mundo.

Eluard

Minha paixão, minha verdade.

Mesmo que você não perceba, vivo esperando seu sorriso.

Conheça outros títulos da Sextante

Ernie J. Zelinski

Levando a Vida numa Boa

A felicidade requer trabalho, mas não um trabalho intenso, como acredita a maioria das pessoas. A felicidade requer que se preste atenção à vida. Por isso, todos deveríamos ter um pequeno livro como este para ser consultado de tempos em tempos.

Dominique Glocheux

A Vida É Bela

Este pequeno manual vai segurar sua mão e levar você para um passeio dentro de si mesmo, despertando idéias, sentimentos e desejos adormecidos. Abra as portas de seu coração, saboreando cada um dos 512 conselhos reunidos aqui.

Kim McMillen & Alison McMillen

Quando me Amei de Verdade

"*Quando me Amei de Verdade* ensina a trabalhar a autoconfiança e o amor-próprio e mostra como você pode se bastar."

Mark Victor Hansen, co-autor de *Histórias para Aquecer o Coração*

Augusto Cury

Você é Insubstituível

Este livro fala do amor pela vida que pulsa em cada ser humano. Ele conta a sua biografia. Você descobrirá fatos relevantes que o tornaram o maior vencedor do mundo, o mais corajoso dos seres, o que mais cometeu loucuras de amor para poder estar vivo.

Conheça os 20 livros mais populares da Sextante

- *Muitas Vidas, Muitos Mestres* e *Meditando com Brian Weiss*, de Brian Weiss
- *Conversando com os Espíritos* e *Em Busca da Espiritualidade*, de James Van Praagh
- *A Última Grande Lição*, de Mitch Albom
- *Enquanto o Amor Não Vem*, de Iyanla Vanzant
- *A Oração de São Francisco*, de Leonardo Boff
- *O Ócio Criativo*, de Domenico De Masi
- *Mantenha o seu Cérebro Vivo*, de Katz e Rubin
- *Por que os Homens Fazem Sexo e as Mulheres Fazem Amor?*, de Allan e Barbara Pease
- *Palavras de Sabedoria*, do Dalai-Lama
- *Histórias para Aquecer o Coração*, de Mark Victor Hansen e Jack Canfield
- *100 Segredos das Pessoas Felizes* e *100 Segredos das Pessoas de Sucesso*, de David Niven
- *Aprendendo a Gostar de si Mesmo*, de Louise Hay
- *Um Dia "Daqueles"*, *Querida Mamãe* e *O Sentido da Vida*, de Bradley Trevor Greive
- *Faça o que Tem de Ser Feito*, de Bob Nelson
- *Não Leve a Vida Tão a Sério*, de Hugh Prather

Informações sobre os Próximos Lançamentos

Para receber informações sobre os próximos lançamentos da
Editora Sextante,
queira entrar em contato com
nossa Central de Atendimento, dando seu nome,
endereço e telefone para:

Editora Sextante
Rua Voluntários da Pátria 45 – Gr. 1.404 – Botafogo
22270-000 – Rio de Janeiro – RJ
Tel.: (21) 2286-9944 – Fax: (21) 2286-9244
DDG: 0800-22-6306 (ligação gratuita)
E-mail: atendimento@esextante.com.br

Para saber mais sobre nossos títulos e autores, e enviar seus comentários sobre este livro, visite o nosso site:

www.sextante.com.br

PAPEL
CHAMOIS-BULK alta performance
alcalino

Impresso em papel Chamois Bulk Alta Performace Dunas 90g/m² da Ripasa S/A, fabricado em harmonia com o meio ambiente.